N.A Farsangi

Hossein Pourjafari

N.A Farsangi

Hossein Pourjafari

Vierzig Jahre Freundschaft

Goldene Rakete Verlag für Belletristik

Imprint
Any brand names and product names mentioned in this book are subject to trademark, brand or patent protection and are trademarks or registered trademarks of their respective holders. The use of brand names, product names, common names, trade names, product descriptions etc. even without a particular marking in this work is in no way to be construed to mean that such names may be regarded as unrestricted in respect of trademark and brand protection legislation and could thus be used by anyone.

Cover image: www.ingimage.com

Publisher:
Goldene Rakete Verlag für Belletristik
is a trademark of
Dodo Books Indian Ocean Ltd. and OmniScriptum S.R.L Publishing group
Str. Armeneasca 28/1, office 1, Chisinau-2012, Republic of Moldova, Europe
Printed at: see last page
ISBN: 978-620-0-52099-9

Vierzig Jahre Freundschaft

Hossein Pourjafari

N.A.Farsangi

Table of Contents

Hass auf Krieg 4

der Krieg 6

innere Liebe 7

Flug 8

Leben 11

Warte auf die Sonne 13

Lied der Freiheit 15

passende Zeit 17

die Angst 19

alles ist gut 20

süße Träume 22

Lüge 25

Spielen 27

Maske 29

Regen 31

Engel 33

Gehen 35

Ertrunken 37

In der Zeit verloren 39

Herbst 40
Absterben 41
Laufen 44
schießen 46
Geheimnis 48
Leben 50
Lebenstraum 52
meine Augen 54
Einsamkeit 55
Seelenfrieden 57

Hass auf Krieg

Blut tropft aus der Wunde des Soldaten

In der Nähe des Politikerzimmers riecht es nach Abwasser

Der Wind weht wie ein Sturm

In den Ländern der schrecklichen Zerstörung

Wo die Wölfe verrückt sind

Und die Falken feiern mit blutigen Händen

Kugeln fliegen, Kinder sterben, Mütter weinen

Während Tiere lügen und sich verstecken

Hinter den schwarzen Vorhängen, die niemand finden kann

Aber Gott kennt die Wahrheit und Er seufzt für immer

Viele Hände wurden in den Tränen der Witwen gewaschen

Verwundete Seelen, die vom Schicksal schwarzer
Haut durchtränkt waren

Enttäuscht vom Schicksal der dunklen Dämonen

Blut tropft aus der Wunde des Soldaten

In der Nähe des Politikerzimmers riecht es nach
Abwasser

der Krieg

Der Himmel ist traurig

Ab Dezember

Ich denke an ihn

Seit er gegangen ist

mehr als vorher

Ist er in Frieden gestorben?

Großvater

Wer hat den Krieg gemacht?

innere Liebe

Ein Mädchen weint in ihrem Zimmer.

Ich wünschte, er könnte von dieser verdammten Erde verschwinden.

Er zog ein Rasiermesser in sein verwundetes Handgelenk,

Wie viel es wert ist, weiß er nicht.

Es gibt einen Jungen, der jede Nacht träumt,

In der Hoffnung, den Mut zu haben, mit dem Mädchen zu sprechen.

Es gibt einen Gott, der über sie alle wacht,

Sie mit bedingungsloser Liebe und Stolz zu beobachten.

warten mit offenen Armen darauf, sie zu Hause willkommen zu heißen,

Er hofft, dass sie aufgrund dessen, was in ihnen steckt, feststellen werden, dass sie sich lieben.

Flug

Auf dem Boden sitzt ein Vogel

Mit großer Flugangst.

Schöne Flügel können es heben,

Aber der Schmerz des vergangenen Versagens ist sein einsamer Schrei.

Gott sagte zu diesem Vogel:

„Vertraue und glaube an mich,

Das Wunder des Lebens wartet auf Sie" .

„Aber ich kann nicht fliegen“, sagte der Vogel zu Gott.

Ich bin schwach, ich werde fallen und ich werde Schmerzen empfinden.

Ich habe Angst, wieder verletzt zu werden" .

Eine sanfte und beruhigende Stimme sagte dem Vogel:

„Ich habe dich erschaffen und ich werde dich beschützen.

Ich habe deinen einsamen Schrei gehört.

Vertraue mir. Das ist alles, was Sie tun müssen.

Also, steh auf, werde ein Vogel und breite deine Flügel aus.

Die Flügel, die ich mit Liebe erschaffen habe, damit du fliegen kannst".

Mit wackeligen Beinen und unsicheren Flügeln,

Schließlich blickte der Vogel in den Himmel.

Er holte tief Luft und nutzte die Gelegenheit.

Der Vogel begann zu fliegen.

Gott lächelte den Vogel an

In seinem glorreichen Flug.

„Vögelchen, ich werde immer bei dir sein,

Und ich werde dich von ganzem Herzen beschützen.

Du könntest stolpern, du könntest fallen.

Das heißt nicht, dass es mir egal ist.

Wenn du Hilfe brauchst, kümmere ich mich um dich,

Und dann werde ich da sein. "

Leben

Ich sage immer noch, ich liebe dich

Aber jetzt gibt es keine Antwort.

Ich spüre immer deine Anwesenheit

Es ist, als wärst du nie von meiner Seite gewichen.

Ich erinnere mich an deine beruhigende Stimme.

Jetzt gibt es keinen Ton

Es ist nur ein Echo der Vergangenheit

Folge mir

du bist immer an meiner Seite

Aber ich kann deine Hand nicht halten.

Warum hat Gott dich von uns genommen?

Es ist schwer zu verstehen

Die Sommertage scheinen viel kürzer zu sein.

Nur dunkle Nächte bleiben

Träume werden zu Alpträumen

Wenn jemand, den du liebst, gegangen ist.

Aber wahre Liebe vergeht nie.

Es brennt immer noch wie die Sonne.

Obwohl sie weit weg sind,

Aber diese Erinnerungen bleiben.

Seine Seele wird niemals sterben

Es leuchtet wie ein Stern.

Ich weiß, du schläfst im Himmel,

Aber du lebst in meinem Herzen.

Warte auf die Sonne

Wenn alles dunkel ist

und du fühlst dich einsam

Wenn der Regen nicht aufhört

Wenn du das Gefühl hast, dass alles verloren ist

Es kann nicht ewig regnen.

Warte einfach auf die Sonne.

Wenn die Familie Schmerzen hat,

Wenn Freunde nicht gefunden werden,

Wenn du nur schreien willst

Aber du kannst den Ton nicht finden,

Wenn alles deine Schuld ist,

Und du fühlst, es ist vorbei,

Warte einfach auf die Sonne.

Die Sonne wird kommen.

Stürme ziehen immer vorbei.

Es wird nicht ewig dauern

Der Regen hört immer auf und weicht dem guten Wetter.

Die hellsten und wärmsten Tage kommen noch.

Bitte warten Sie auf die Sonne.

Die Sonne wird kommen.

Menschen, die dich brauchen

Menschen, die dich immer noch lieben

Sie können Ihre Seele wärmen wie die Sonne über Ihrem Kopf.

du bist niemals alleine

Es spielt keine Rolle, was passiert ist.

Warte auf die Sonne.

Warte einfach auf die Sonne.

Lied der Freiheit

Der freie Vogel springt

hinter dem Wind

Und flussabwärts schwimmt es

und faltet seine Flügel

In den Strahlen der orangefarbenen Sonne

Und wagt es, den Himmel zu beanspruchen.

Aber der Vogel im Käfig

Unten in einem schmalen Käfig

Seine Flügel sind abgeschnitten

Seine Beine sind gefesselt

Also öffnet er seine Kehle, um zu singen.

Der Vogel singt im Käfig

von unbekannten Dingen

Lied der Freiheit

Ein freier Vogel denkt an eine andere Brise.

Aber ein Vogel im Käfig steht auf dem Grab der Träume

Sein Schatten schreit aus dem Alptraum

Seine Flügel sind beschnitten und seine Beine sind gefesselt

Also öffnet er seine Kehle, um zu singen

Lied der Freiheit

passende Zeit

Das Leben kann wie ein endloses Labyrinth erscheinen,

drehen, wenden, verzögern,

Aber es passt immer alles...

Zur richtigen Zeit.

Freunde verschwinden manchmal.

Manche mögen enttäuscht sein oder andere verraten,

Aber neue sind hier, um zu bleiben...

Zur richtigen Zeit.

Verletzen ist falsch.

Und die Lektion, die oft damit einhergeht

Um Sie zur richtigen Zeit zu stärken.

Das Leben kann hart sein, keine Frage.

Aber Hoffnung ist etwas, ohne das wir nichts tun können.

Mit Freude kommen die richtigen Dinge...

Zur richtigen Zeit.

die Angst

Ich sitze hier und fühle mich einsam.

Dinge sind in meinem Kopf kaputt.

Zuhause fühlt sich nicht wie Zuhause an.

mein Herz rast

ich fühle mich komisch

Angst ist das Wort.

Die Sorge ist das Spiel.

Das Leben scheint so ungerecht

Menschen und Orte

Sie scheinen nicht da zu sein.

Ich fühle mich unwirklich,

Ich fühle mich alleine.

Angst ist mein Feind.

Der Feind ist unbekannt.

alles ist gut

Ich sitze auf der Veranda,

Der Wind weht durch mein Haar.

Die Enten tauchen in den Teich,

Um mich herum geht das Leben weiter.

Ich nehme nicht teil

Ich gehe durch die Bewegungen,

Aber was ich wirklich tue, ist Geduld.

Ich sehe eines Tages

dass du zu mir kommst

Das ist alles, was zählt.

Warum können die Leute nicht sehen?

Ich will nicht ausgehen

Ich will keinen Spaß machen

Ich will nichts tun

Bis alles gesagt und getan ist.

Sie haben dich im Sommer mitgenommen.

Der Herbst ist nun fast vorbei.

Der Winter ist bald da.

Und dann nimmt das Jahr ab.

Du weißt nicht, wie sehr ich weine.

Ich werde es dich nie wissen lassen

Es ist so schwer hier ohne dich,

Aber ich darf es nicht zeigen.

Ich muss so tun, als wäre alles in Ordnung.

Alle denken, es sei alles in Ordnung.

Aber was ich ihnen nie sage

Deshalb weine ich jeden Tag um dich.

süße Träume

Alle guten Dinge haben ein Ende.

Sogar die Geschenke, die Gott sendet,

Wie er, der Engel, den er von oben gesandt hat

Jemand, den ich wirklich liebte

Er hat alles verändert und mein Leben lebenswert gemacht.

Er war mein Herz und meine Seele,

Er erfüllte mich mit Freude und machte mich gesund.

Er war meine Welt, mein größter Schatz.

Ich liebte es so sehr, dass es unermesslich war.

Ich wünschte, wir könnten in der Zeit zurückgehen,

Als ich sein war und er mein war.

Ich werde ihn immer beschützen und ihn durch nichts verletzen lassen.

Wie ironisch, dass er meine Rüstung war.

Er gab mir immer ein sicheres Gefühl.

Egal was schief ging, er hatte immer eine Heilung.

Er hat mich geheilt und mich zurückgebracht,

Also habe ich ihn behalten. Er war mein Bett

Leider hat er plötzlich das Seil durchtrennt,

Und damit verschwanden meine Freude und Hoffnung.

Der Bann war endlich gebrochen

Sobald ich merkte, dass ich aufgewacht war.

Es war nur ein Traum,

Egal wie echt es klingt.

Alles, was ich fühlte, war eine Illusion,

Er erklärte es auf eine Weise, die mich schockiert und verwirrt zurückließ.

Mein bester Traum wurde mein schlimmster Alptraum.

Er ist genau dort verschwunden.

Er ließ mich alleine kämpfen.

Er hat mich verlassen, isoliert und allein.

Ich musste aufwachen und realisieren

Dass die einzig wahre Wahrheit echte Lügen sind.

Aber ich kann ihr wirklich sagen: "Du warst der süßeste Traum, den ich je hatte".

Und dafür kann ich nur dankbar und glücklich sein.

Lüge

Ich vermisse die Vergangenheit

Sehr lebendig, sehr ehrlich, sehr wild und frei.

Ich vermisse die Art, wie du weißt, dass ich dich vermisse

Hören Sie gut zu und seien Sie da, wenn ich Hilfe brauche.

Ich vermisse die langen, zufälligen Gespräche in der Nacht,

unsere privaten Gespräche,

Unsere dummen kleinen Kämpfe.

Ich vermisse es, meine Gedanken zu lesen.

Ich weiß, was ich sagen soll

Als Worte schwer zu finden waren.

ich vermisse dich

Ich hasse es, wie du mich zum Weinen gebracht hast

Erinnere dich daran, wie du gesagt hast, dass du immer da sein würdest

Aber wieder einmal habe ich vergessen, dass alles, was du sagst, eine Lüge ist.

Spielen

Lassen Sie mich Ihnen von dem Spiel erzählen, das ich spiele

Wo ich meine Augen schließe und verblasse

Ich schwebe an einem bestimmten Ort

Jenseits der Sterne, des Mondes und des Weltraums

An diesem besonderen Ort, den Sie sehen

Es gibt nur zwei Menschen – nur du und ich

An diesem Ort stimmt einfach alles

Nichts als Liebe und wir kämpfen nie

An diesem Ort gibt es keine Traurigkeit

Keine Zelle, kein Gericht und kein Wahnsinn

Es gibt keine Regeln zu befolgen, keine Regeln zu brechen

Es gibt keine Gitter, die uns halten oder trennen

Aber irgendwann muss das Spiel enden

Meine Augen müssen geöffnet werden, und die Realität beginnt

Aber irgendwann bald - ich weiß nicht wann

Ich werde meine Augen schließen und mein Spiel noch einmal spielen.

Maske

verstecke den Schmerz, verstecke den Schmerz,

Die Tränen verstecken, die wie Regen fallen.

Zu sagen, dass es mir gut geht, wenn es mir alles andere als nicht gut geht.

Meine Haut brennt. Ich brenne von innen.

Ruhig Es ist eine kontinuierliche Sünde in meinem Gesicht.

Die Welt muss draußen bleiben. Ich habe eine Mauer gebaut.

Meine zerbrechliche Lüge wird zerbröckeln, wenn ich falle.

Einsamkeit verzehrt mich; Sie fressen mich seit Jahren

Bis mein Leben von endlosen Ängsten verschluckt wird.

Ich trage eine Maske, weil ich auf jemanden warte

Mein Lächeln verbirgt meine Tränen.

Mein Lachen verbirgt meine Schreie.

Das ist seit Jahren so.

Die Dinge sind nicht so, wie sie scheinen.

Ich wirke immer so glücklich

Oder es gibt keine Sorge in der Welt.

Aber das musst du leider wissen

Vieles bleibt ungesagt.

Niemand kennt mich wirklich.

Sie sehen nur meine Deckung.

Aber ich wünschte, ich könnte das veröffentlichen.

Sagen Sie ihnen, was unter der Maske ist.

Aber stattdessen übe ich

Mein Lächeln im Spiegel.

Regen

Dunkelheit umgibt mich.

Es wird sehr kalt

ich bin allein

ohne jemanden zu haben

Meine Welt ist sehr leer.

Das einzige, was bleibt, ist der Schmerz.

Es gibt keine Sonne, die meinen Weg erhellt,

endloser Regen

Ich breche in Tränen aus.

Mein Herz weint.

Niemand scheint es zu bemerken

Meine Seele stirbt.

Gewitterwolken, strömender Regen,

Der Schmerz, den ich fühle, ist schrecklich.

Die Tropfen zittern mein Gesicht.

Wird der Regen mir diese Umarmung geben?

ertrunken und kalt, meine größte Angst,

Nicht mit Regen, sondern mit Tränen.

Wann wird dieser Sturm enden?

Ich und die Umarmung des Regens, mein einziger Freund.

Engel

Der Engel verlor seine Gnade,

Er vergaß die Liebe, erinnerte sich an Hass.

Er hatte seinen Glauben nicht mehr.

mit tränenbefleckten Wangen

Durch blutrünstige Augen,

Er sah nur Schmerz.

Die Liebe konnte ihn nicht besiegen.

Wenn der blaue Himmel schwarz wird,

Dunkelheit erfüllte sein Herz.

Seine Flügel verschwanden von seinem Rücken,

Und seine Freundlichkeit zerbrach.

Er wurde zur Rettung geschickt

Um denen zu helfen, die nicht verliebt waren.

Aber er sah sich um,

mit tränenbefleckten Wangen

Und blutige Augen.

Gehen

Lass mich eines Tages gehen

Bitte nicht dich ansehen.

Lass mich eine Nacht schlafen

keine Erinnerung

Lass mich vor Träumen davonlaufen

Träume machen mich nicht glücklich

Und lass mich das alleine fortführen...

Lass mich mich ertränken

In diesen Tränen, die du verursacht hast

Lass mich mir selbst in den Rücken stechen

Mit diesen gebrochenen Teilen meines Herzens

lass mich mich verlieren

in der Dunkelheit meiner Gedanken

Lass es schmelzen

vor der Hitze meiner Wut

lass mich frieren

aus der Kälte deines Herzens

Dann lass mich dein Herz in kleine Stücke zerreißen

Und zerstöre den, für den ich dich hielt.

Dann lass mich fragen, ob wir uns noch lieben können

Ertrunken

Ich bin im Meer ertrunken.

Du hast mich angesehen und dann hast du mich gewürgt.

Blasen kamen aus meinem Mund, als ich schrie.

Sie kamen aus meiner Nase, als ich versuchte zu atmen.

Meine Mutter hat mich immer davor gewarnt.

Er hat immer auf Leute hingewiesen, die ich nicht mögen sollte.

Du bist das Gefühl von Plastiktüten auf meinem Gesicht.

Dasselbe Gefühl wie beim Laufen, aber am selben Ort bleiben.

Als ich versuchte, aus dem Meer zu schwimmen,

Du hast mir das Ertrinken gerade erleichtert

Jedes Wort ist ein weiteres Stück Stein, das an meine Füße gebunden ist.

Ein zahniger Hai mit einem starken Grinsen stank nach meiner Angst.

Er schwamm auf mich zu und öffnete sein Maul, um zu beißen.

Der Hai kaute mein Herz und schluckte es ganz.

Ich dachte, ich wäre auf See verloren, aber ich war wirklich die Beute Ihres Raubvogelfisches.

In der Zeit verloren

Ich bin in einem Abschnitt der Zeit verloren,

Ich war verloren, als er mich fragte, ob ich mit ihm weglaufen wolle,

Ich war verloren, als er meine Hand hielt und mir in die Augen sah und sagte: Ich liebe dich.

Ich war verloren, als er sagte, alles wäre gut,

Ich war verloren, als er sagte, er würde mir die Sterne und die Sonne geben,

Ich war verloren, als er mich und meinen Verstand kontrollierte,

Ich war verloren, als er sagte, niemand wird uns auseinander reißen,

Aber er lag falsch.

Jetzt bin ich in einem Abschnitt der Zeit verloren.

Herbst

Ich möchte weglaufen, ich möchte mich verstecken

Von all dem Schmerz, den du in dich geritzt hast.

Ich möchte schreien, ich möchte weinen.

Warum kann ich mich nicht von dir verabschieden?

Ich möchte dich verlassen, aber ich konnte nicht.

Ich möchte dich vergessen, aber ich denke immer an all das, was ich durchgemacht habe.

Ich will mich bewegen, ich will mich wohlfühlen,

Aber diese Schmerzen werden mich nie verlassen.

Ich fühle mich schlecht und habe große Schmerzen.

Das macht mich langsam wahnsinnig.

Schmerzhafte Erinnerungen erscheinen wie eine Szene, die in einem Film aufgenommen wurde.

Ich fühle mich, als wäre ich wie Regen vom Himmel gefallen.

Absterben

Als ich geboren wurde, starb ich für Wärme,

Und als ich älter wurde, starb ich wieder.

Sterben für Zuneigung, für Liebe.

Ich starb nur für einen Freund.

Obwohl ich das alles erreicht habe,

Ich bin immer mehr gestorben.

sterben, um alt zu werden

Sterben, um der Pause des Lebens zu entfliehen.

Ich wollte unbedingt jemanden finden,

Sterben, um sich niederzulassen,

sterben, um glücklicher zu sein

Ich starb jeden Tag weiter

Bis ich schwach wurde.

Ich wollte unbedingt meine Familie sehen,

Und dann sah ich dich in diesem Licht.

Endlich sah ich dich sterben,

Und ich wusste schon lange, dass ich im Sterben lag

Ich habe dich gesehen, aber ich habe vergessen, wie man lebt.

Symbol der Liebe

Wenn die Zeit abgelaufen ist und dein Herz mehr sagen muss

Aber das Herz, das es hören sollte, ist jetzt für immer fort

Und Sie werden mit einem unangenehmen Schmerz allein gelassen.

Dann flüchten Sie sich in Papier, Stift und Kerze

Und du schreibst, was dein Herz sagt

Keine Angst hält dich jetzt zurück. ohne Urteil; kein Spott;

Schreiben Sie Ihr Bestes, Schlimmstes.

Wenn deine Seele von ihrem tiefsten Bedauern
geleert ist

Halten Sie dann Ihr eigentliches Papier über die
Kerzenflamme

Dieser Gedankenrauch kann dieses Herz erreichen

Und die Asche, ein Symbol der Liebe, ist immer
noch da.

Laufen

Ich sitze jetzt hier im Dunkeln, lebe allein,

Existenzielles Leben, weiße Wände, mein Haus

Mit Räumen, in denen manchmal Gelächter widerhallt

Und es zieht viele Tränen der Traurigkeit, des Schmerzes, des Leidens und der Wut an.

Die Tränen, die ich leise vergoss, neben den dunklen Straßen,

Der Treppe der Verlassenheit folgend, dieser ewigen Einsamkeit

Und ich fühle die Traurigkeit für diejenigen, die gegangen sind

Erinnerungen, die so still für immer andauern werden.

Für vergangene Schmerzen und flüchtige Blicke

die manchmal in meine angespannte Seele einsinkt

Das Leben war nicht das, woran ich glaubte

Wird die Zukunft mich mit Lächeln und Liebe versorgen?

Die Traurigkeit, die ich jetzt gefunden habe, ist mir so nahe

Manchmal ist es mein Trost, mein Freund und alles, was ich sehen kann.

Mein Weg durchs Leben war rau und einsam

Obwohl ich mich sehr bemühte, Glück und Frieden zu finden.

Doch ich rannte schneller, um den Wind zu fangen,

Mein Weg neigt sich nun fast dem Ende zu

Und die Müdigkeit, die ich fühle, wird bald enden.

Ich bin so müde von dem Wind, der mein Verständnis davonlaufen lässt,

Laufen zu hart, um etwas zu bekommen, das nicht da war.

schießen

Alltag mit ewiger Schande,

Mit ewigem Bedauern,

mit ewigem Schmerz,

Wieso den? Was habe ich getan, um loszulegen?

Von dem Schmerz, der meine Seele stärkt

Und es verwandelt mein Herz in eine dunkle, dunkle Kohle.

Es bleibt also nichts zu tun.

Außer diese Kugel zu laden und sie direkt zu treffen

Für jeden gruseligen Moment,

Jeder unglückliche Fehler,

jedes gebrochene Versprechen

jeder Fehler,

alle meine Zweifel

All meine verlorene Hoffnung,

all meine vergiftete Liebe

Egal wie sehr ich weine.

Niemand kann mich mehr hören,

Für immer leiden, für immer schweigen, für immer sterben.

Geheimnis

Ich habe ein Geheimnis.

Etwas, das niemand weiß.

Etwas, das niemand jemals erfahren wird.

Ich habe dieses Geheimnis 11 Jahre lang gehütet.

Ich hasse dieses Geheimnis.

Denn das war eine schwere Belastung für meinen Rücken.

Mir bleibt nichts anderes übrig, als den Mund zu halten.

Ich habe keine andere Wahl, als mit diesem Geheimnis zu sterben.

Ich habe keine andere Wahl, als es verborgen zu lassen.

wegen meiner Familie

Es gab Zeiten, in denen ich diesem Geheimnis sehr nahe gekommen wäre ... aber nie.

Es ist sehr schwer zu wissen, was falsch ist

Und du weißt, du solltest etwas sagen, aber du kannst es einfach nicht.

Ich hasse Geheimnisse, aber ich schätze, wenn du wüsstest, was es war, würdest du es auch geheim halten.

Geheimnisse werden dich für immer verfolgen...

Es frisst deine Geheimnisse lebendig..

Geheimnisse werden dich verletzen...

Aber mein Geheimnis darf niemals gelüftet werden...

Leben

Depressionen gehen mir durch den Kopf.

Diese Gedanken lassen mich an den Tod denken,

Die Dunkelheit, die meinen Verstand stört.

Wenn ich auf dem Friedhof spazieren gehe, was kann ich finden?

Schwarze Schatten wandeln zwischen den Gräbern.

Ist es Tag oder Nacht?

Haben die Vögel gesungen oder die Fledermäuse zum Fliegen gebracht?

ich habe Angst? ich glaube nicht!

Kann ich das Gefühl des Todes entdecken?

Nachdem ich meinen letzten Atemzug getan habe, werde ich ein Schatten unter den Gräbern sein?

Ich gehe nicht in die Hölle, ich bin schon da.

Ein Ort voller Traurigkeit, ein Ort voller Verzweiflung.

Also gibt es nichts zu leben, Zukunft,
Vergangenheit,

Also kann ich es genauso gut beenden.

Lebenstraum

Ich wünschte, ich könnte weinen

Ich wünschte, ich müsste es nicht versuchen.

Draußen lächle ich,

Aber innerlich sterbe ich

Ich wünschte, ich hätte nicht geschrien

Ich wünschte, ich würde nicht so tun

Ich wünschte, ich wäre nicht verrückt

Ich wünschte, ich würde mich nicht anders fühlen,

Ich wünschte, ich könnte anfangen

Ich wünschte, ich würde mich nicht so wertlos fühlen,

Ich wünschte, ich würde mich innerlich nicht leer fühlen.

Ich wünschte, ich könnte einfach loslassen

Ich wünschte, ich bräuchte keine Hilfe,

Ich träume von einem Leben, obwohl ich weiß, dass ich es nie haben werde.

Ich möchte träumen.

meine Augen

schau mir in die Augen

Sag mir, was du siehst.

Sie werden nicht glücklich sein

Es wird nicht schön sein

Meine Art, Dinge zu tun

Es lässt mich glücklich aussehen.

Mir scheint es gut zu gehen.

Aber schau mir in die Augen

Dort werden Sie sehen,

Ich bin verletzt

Siehe Hass.

schau mir in die Augen

Dort siehst du alles, Ich behalte alles in mir.

Sie werden mich dort sehen.

Einsamkeit

Ich habe gewartet, und du bist nicht gekommen

Ich habe angerufen und du hast nicht geantwortet.

Ich habe an die Tür geklopft, aber du warst nicht zu Hause.

Und mir wurde klar, dass ich allein bin.

Ich weinte, aber niemand konnte mich beruhigen.

Ich schrie, aber niemand hörte mich.

Single. Warum war ich immer allein?

Ich war verletzt, aber es half nichts.

Ich bat, wurde aber ignoriert.

Ich wusste, dass ich allein war.

Ich war immer allein.

Niemand war da.

Egal wie oft

Ich habe gerufen, ich habe geweint, ich habe geschrien...

Ich war allein ... für immer allein.

Ich war falsch

Ich war eingebildet

Ich war zu Fuß

Aber vor allem

Ich war alleine.

Seelenfrieden

Ich gehe auf einem Pfad tief im Wald und das Geräusch der Einsamkeit erfüllt meinen Kopf.

Ich denke an all meine Freunde und Familie, die schon lange tot sind.

Ich höre den Wind, der durch die Bäume weht, ich spüre die warme Sommerbrise auf meinem Gesicht.

Mein Atem wird tiefer und mein Herz schlägt langsam.

Ich höre sie laut, ich höre sie klar.

Ich kann ihre Gesichter durch jede Träne sehen.

Ich weiß, dass ich allein bin und niemand bei mir ist.

Ich habe Leute, die ich anrufe. Aber wie viele Leute?

Werden sie am Ende da sein?

Wenn der Tod an meine Tür klopft. Gibt es jemanden, an den ich mich wenden kann?

Ich spüre das Blut in meinen Adern.

Ich kann ein lautes Donnern in meinen Ohren hören, begleitet von stechenden Schmerzen.

Wo bin ich? Das ist etwas, was ich nicht erkenne.

Die Bäume verschmelzen mit den Büschen, ich traue meinen Augen nicht.

Ich fühle mich wie immer einsam.

Ich bin bereit, jemandem alles zu sagen, was ich fühle.

Alles, was ich je wollte, war ein wahrer Freund.

Ich kann den Schweiß aus jeder Pore meines Körpers strömen hören.

Ich kann alles hören, sogar die entferntesten Vögel singen.

Ich fühle meine Gedanken ruhig, als wäre ich am Rande des Schlafes.

Ich versuche, diese tiefen Gefühle zu nutzen.

Ich drehe mich auf den Rücken und schaue in den Himmel.

Heute, denke ich, ist ein schöner Tag zum Sterben.

Ein zufälliger Gedanke, den ich nicht erklären kann.

Bin ich überrascht, weil ich keine Schmerzen mehr habe?

Ich höre das schwache Geräusch meines Herzschlags nicht mehr.

Dann höre ich die Stimme meines Vaters sagen: Komm, entspann dich mit mir!

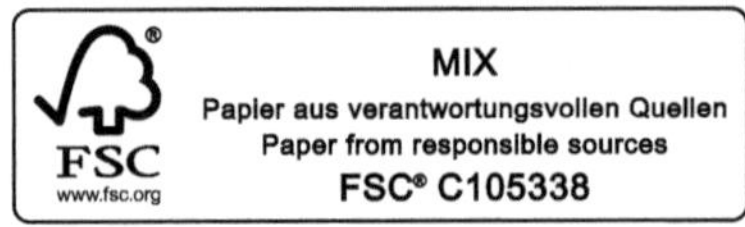

Printed by Books on Demand GmbH, Norderstedt / Germany